Les Histoires du Père Castor

Qu'elles soient nées dans l'esprit fécond d'un auteur ou venues du fond des âges et de pays lointains, les histoires transmettent une culture, une tradition, elles parlent de nous. Comprendre, accepter les autres, mieux se connaître, se laisser porter par la magie des mots et des images : c'est tout cela que les Histoires du Père Castor offrent.

Depuis 1931, le Père Castor propose de merveilleuses histoires illustrées, et crée les classiques de la littérature pour enfants, d'hier et d'aujourd'hui. Nous perpétuons cette tradition avec les talents d'auteurs de mots et d'images pour le plaisir toujours renouvelé du partage de la lecture...

UN BLEU SI BLEU

La couleur pour Rosalie.
La musique pour Jean-Luc.
J.-F. D.

Dépôt légal : mars 2019
ISBN : 978-2-0814-6898-6
Imprimé en République Tchèque par PB Tisk – 01-2019
Éditions Flammarion (L.01EJDN001683.N001) – 87, quai Panhard-et-Levassor, 75647 Paris Cedex 13
Loi n° 49-956 du 16 juillet 1949 sur les publications destinées à la jeunesse

UN BLEU SI BLEU

Une histoire racontée et illustrée
par Jean-François Dumont

PÈRE CASTOR

Dans une grande ville grise,
vivait un petit garçon qui ne jouait pas,
comme les autres enfants de son âge, aux billes ou à chat perché.
Il préférait rester dans sa chambre à dessiner ou à peindre,
et, si sa maman exaspérée l'envoyait dehors pour profiter du soleil,
il ne sortait jamais sans son petit carnet et sa boîte de couleurs.
Il s'asseyait à l'ombre d'un immeuble, et dessinait le marchand de glaces,
la voisine du quatrième qui arrosait ses géraniums,
ou la camionnette du boucher qui partait en livraison.
Tout le monde pensait qu'il deviendrait un grand peintre,
puisqu'il était si bizarre et que, tout le monde le sait bien,
les peintres sont des gens très bizarres.

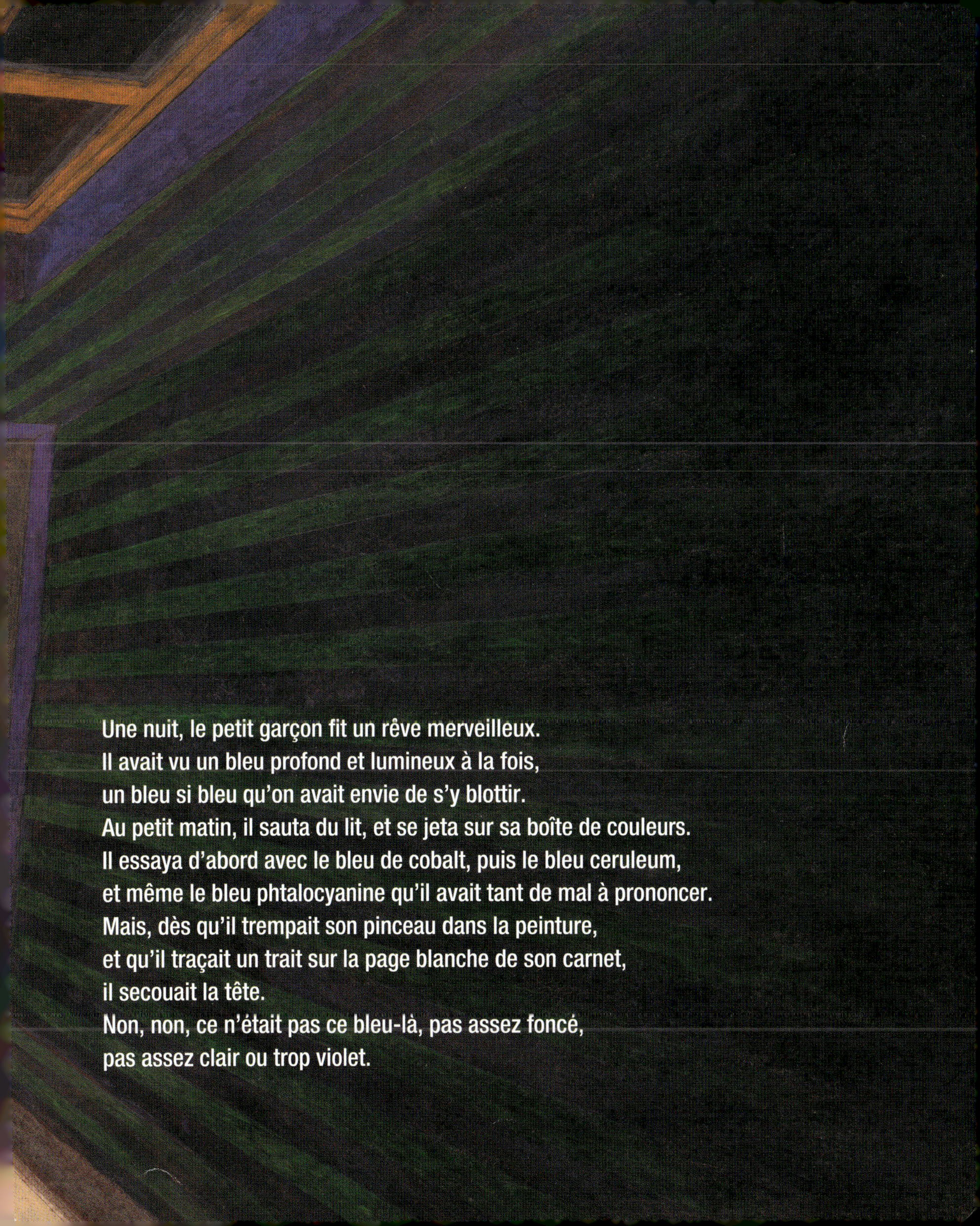

Une nuit, le petit garçon fit un rêve merveilleux.
Il avait vu un bleu profond et lumineux à la fois,
un bleu si bleu qu'on avait envie de s'y blottir.
Au petit matin, il sauta du lit, et se jeta sur sa boîte de couleurs.
Il essaya d'abord avec le bleu de cobalt, puis le bleu ceruleum,
et même le bleu phtalocyanine qu'il avait tant de mal à prononcer.
Mais, dès qu'il trempait son pinceau dans la peinture,
et qu'il traçait un trait sur la page blanche de son carnet,
il secouait la tête.
Non, non, ce n'était pas ce bleu-là, pas assez foncé,
pas assez clair ou trop violet.

Le petit garçon prit son carnet et son pinceau,
dévala l'escalier de son immeuble,
et sauta dans le bus de la ligne 7, qui le déposa devant le musée.
Dans le grand bâtiment, il s'approcha d'un tableau
où une dame souriait en le regardant.
Il trempa son pinceau dans le bleu de sa robe,
et fit une petite tache sur la page de son carnet.
Mais ce n'était toujours pas son bleu.
Un peu plus loin, il trempa son pinceau dans un coin de ciel,
au-dessus d'un paysage de montagne,
puis dans l'écharpe d'un gros bonhomme coiffé d'une couronne,
et s'assit découragé.
Aucun de ces bleus n'était le bleu de ses rêves.

Intrigué par ce petit garçon qui lui semblait si abattu, le gardien du musée vint s'asseoir à côté de lui.
– Que cherches-tu donc dans ces tableaux, pour y tremper le bout de ton pinceau ?
– Je cherche le bleu de mes rêves, un bleu doux et fort à la fois, un bleu si bleu qu'il donne envie de s'y blottir.

Le gardien réfléchit en se grattant le menton.
– Je n'ai pas beaucoup voyagé, j'ai passé ma vie dans ce musée. Mais, en écoutant les visiteurs, on apprend beaucoup de choses. Un jour, j'ai entendu parler du bleu de la mer, profond et lumineux à la fois. Ça pourrait être le bleu que tu cherches.

Le petit garçon, plein d'espoir, prit la route de la gare,
et acheta un billet pour l'Ouest.
Le train roula toute la nuit, franchissant les montagnes qui bordaient la ville,
traversant les grandes plaines dorées par le soleil.

Au petit matin, il stoppa au terminus, le long d'une plage de sable blanc.
Les voyageurs descendirent, tout heureux de profiter du soleil et de la mer,
mais le petit garçon n'était pas venu pour se baigner.
Il se faufila au milieu des vacanciers.

Arrivé au bord de l'eau, il trempa son pinceau
dans une petite vague qui lui léchait les pieds,
et traça un trait sur son carnet.
Il secoua la tête : ce n'était toujours pas le bleu de ses rêves.

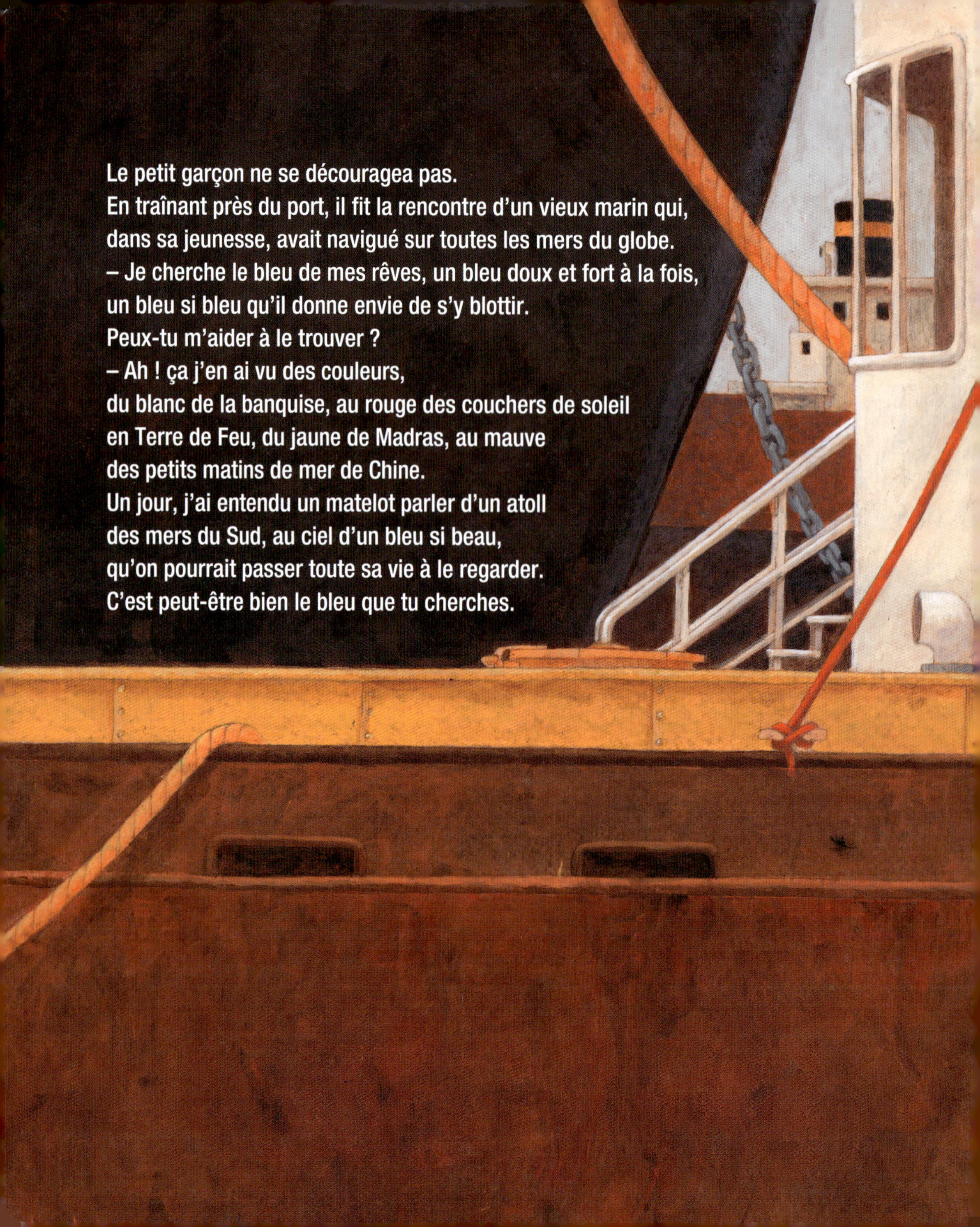

Le petit garçon ne se découragea pas.
En traînant près du port, il fit la rencontre d'un vieux marin qui, dans sa jeunesse, avait navigué sur toutes les mers du globe.

– Je cherche le bleu de mes rêves, un bleu doux et fort à la fois, un bleu si bleu qu'il donne envie de s'y blottir.
Peux-tu m'aider à le trouver ?

– Ah ! ça j'en ai vu des couleurs, du blanc de la banquise, au rouge des couchers de soleil en Terre de Feu, du jaune de Madras, au mauve des petits matins de mer de Chine.
Un jour, j'ai entendu un matelot parler d'un atoll des mers du Sud, au ciel d'un bleu si beau, qu'on pourrait passer toute sa vie à le regarder.
C'est peut-être bien le bleu que tu cherches.

Le petit garçon embarqua aussitôt sur un cargo.
Il traversa l'océan et ses tempêtes,
affronta le froid des nuits polaires et les typhons du Pacifique,
et, un jour, aborda dans une île des Tropiques.

Plein d'espoir, il sauta sur la terre ferme,
et grimpa au sommet du plus haut palmier,
jusqu'à toucher le ciel de son petit pinceau.
Puis il sortit son carnet, fit une petite tache sur le papier,
et poussa un soupir :
non, ce n'était toujours pas le bleu de ses rêves.

Découragé, le petit garçon s'assit au pied de l'arbre,
quand une grosse tortue sortit la tête de l'eau.
– Qu'est-ce qui te rend si triste, petit garçon ?
– Je cherche le bleu de mes rêves, un bleu doux et fort à la fois,
un bleu si bleu qu'il donne envie de s'y blottir, et je désespère de le trouver.
– J'ai vécu tant d'années que je connais toutes les couleurs de l'univers.
Il existe, en Amérique, une musique bleue, forte et douce,
une musique qui rend triste et gai à la fois.
Peut-être est-ce la couleur que tu cherches ?

Et la tortue regagna la mer lentement.

Le petit garçon traversa l'océan,
remonta le grand fleuve Mississippi,
et, une nuit, poussa la porte d'un bar miteux.
Sur la scène, un musicien commençait à jouer.
Le petit garçon s'assit au premier rang,
et ferma les yeux.
La tortue avait dit vrai, cette musique était si belle
qu'elle rendait triste et gai à la fois.

Il se leva, sortit son carnet,
et trempa le bout de son pinceau dans les notes
qui s'échappaient de la guitare.
En traçant un trait sur le papier,
il croyait enfin avoir trouvé,
mais il secoua la tête :
ce n'était toujours pas le bleu de ses rêves.

Le petit garçon resta là, toute la nuit, à écouter cette musique.
Au petit matin, quand tous les clients furent partis,
il resta seul avec le musicien.
– C'est ma musique qui te rend triste comme ça ?
– Non, je croyais avoir trouvé le bleu de mes rêves,
un bleu doux et fort à la fois,
un bleu si bleu qu'il donne envie de s'y blottir.
Mais ce n'est pas votre musique.

L'homme posa sa guitare en hochant la tête.
– Avant d'être ici, mes ancêtres esclaves sont nés
bien loin de ce pays, en Afrique.
Mon grand-père me parlait souvent des Hommes Bleus
qui vivent là-bas dans le désert,
des hommes braves et bons à la fois.
Peut-être est-ce eux que tu recherches.

Le petit garçon remercia le musicien, et se mit en route.
Il traversa de nouveau l'océan, aborda les côtes d'Afrique,
et marcha de longs jours dans le désert,
avant de rencontrer les Hommes Bleus.
Il s'approcha du chef de la tribu qui lui sourit,
trempa son pinceau dans le bleu du turban,
et fit une petite tache sur sa feuille.
Il secoua la tête : ce n'était toujours pas le bleu de ses rêves !

En voyant son air triste, le chef prit la parole :
– Je ne sais pas ce que tu cherches avec ton pinceau, petit garçon,
mais tu es bien loin de chez toi. On trouve souvent dans sa poche
l'objet que l'on croit avoir perdu loin d'ici.

Le petit garçon pensa à sa mère,
qu'il avait laissée il y a si longtemps maintenant,
et il eut soudain envie de la revoir pour se blottir dans ses bras.
Il remercia les Hommes Bleus, et reprit sa route.

Un soir, enfin, il arriva au pied de son immeuble.
Il vit une petite lumière briller encore
à la fenêtre de la cuisine.
Il grimpa quatre à quatre l'escalier,
entra dans l'appartement,
et sauta dans les bras de sa maman.
Tandis qu'elle le couvrait de baisers,
il sentit qu'elle pleurait.
Alors le petit garçon trempa la pointe de son pinceau
dans une larme qui coulait sur la joue de sa mère,
et dessina une petite tache
sur la dernière page de son carnet.
Il se serra contre elle, et s'endormit,
pendant qu'elle le regardait de ses beaux yeux bleus,
d'un bleu si bleu qu'il donnait envie de s'y blottir.

Dans la même collection

n° 121 | L'arbre qui fit de Leïla une princesse

n° 126 | Les Trois Grains de riz

n° 127 | Nasreddine et son âne

n° 131 | Moi devant

n° 132 | L'Attrapeur de mots

n° 134 | L'épouvantail qui voulait voyager

n° 137 | La Grande Ourse d'Ikomo

n° 141 | Le Chat bonheur

n° 153 | Grand Loup et Petit Loup

Dans la même collection

n° 10 | Perlette goutte d'eau

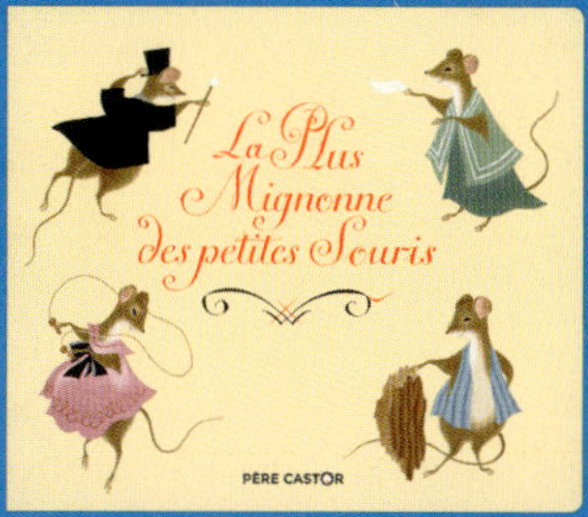

n° 11 | La Plus Mignonne des Petites Souris

n° 16 | Baba Yaga

n° 19 | La Grande Panthère noire

n° 24 | Le Petit Poucet

n° 57 | Le Petit Sapin

n° 140 | La petite oie qui ne voulait pas marcher au pas

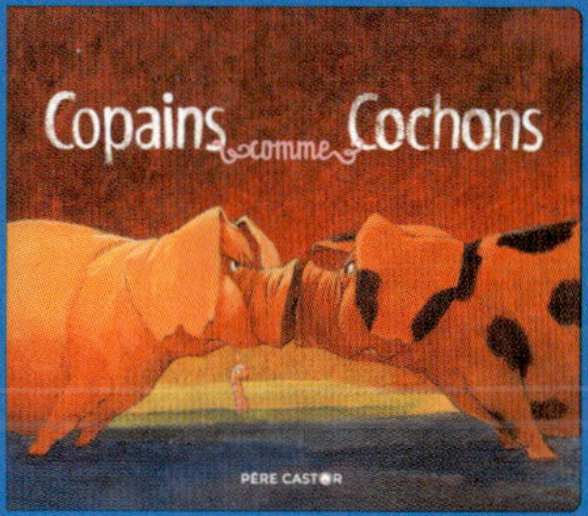

n° 142 | Copains comme cochons

n° 160 | Le Petit Cheval et le vieux chameau